हकीकत ज़िन्दगी की

प्रतिभा चौरैल

ISBN 979-888629148-3

क्रम-सूची

क्रम-सूची

क्रम-सूची

क्रम-सूची

1. ज़िन्दगी

ज़िन्दगी के इस सागर में
ना जाने कौनसी रुकावट है ,
कोई मोड़ है तो कोई परेशानी है ,
कही दुःख है तो कही सुख है ,
कहा जाके इस जिंदगी का सफर
खत्म हो जाए कौन जानता है !
आगे बढ़ना जीवन की नियति है ,
आगे बढ़ते ही लक्ष्य को पाना सफलता ,
जीवन तो हर कोई जीता है
पर हारकर भी जीतना सफलता ,
पर फिर भी कहा जाके ज़िन्दगी
खत्म हो जाए कौन जानता है।

-प्रतिभा चौरैल

2. दोस्त

दोस्त हमारी ख़ुशी है ,
दोस्त हमारा गम है,
दोस्त हमारी हँसी है ,
दोस्त हमारा परिवार है,
दोस्त हमारा मददगार है ,
दोस्त हमारा दिल है,
दोस्त हमारी जान है ,
और
दोस्ती हमारी पहचान है।

- प्रतिभा चौरैल

3. प्यार

प्यार जो समझ ना आये
फिर भी उस पर भरोसा हो जाए,
प्यार एक अनजान रिश्ता
जो दो दिलो को बिना रिश्ते के जोड़ दे ,
प्यार जो सबके अंदर है
जो हर रिश्ते में है ,
प्यार जो हर इंसान की चाह है,
क्युकी प्यार ही तो है जिससे सारा संसार है।

- प्रतिभा चौरेल

4. बचपन

बचपन एक खूबसूरत जीवन,

एक सुनहरी याद,

एक खुला आसमान,

जहां कोई रोक नहीं,

कोई चिंता नहीं,

जिसमे बहुत सा प्यार,

हर गलती माफ़,

एक सुनहरी याद,

बचपन एक खूबसूरत जीवन!

- प्रतिभा चौरैल

5. सपने

सपने जो सोने ना दे
जो जीने ना दे, चैन से सोने न दे,
सपने जो एक उम्मीद है,
जो जीने की चाह है और राह भी,
सपने जो उजाला है ज़िन्दगी का,
मंजिल है ज़िन्दगी की ,
सपने जहां कोई रोक नहीं,
क्युकी इस पर किसी का हक़ नहीं,
वो सिर्फ हमारे है सिर्फ हमारे।

- प्रतिभा चौरेल

6. धोखा

धोखा एक रूप अनेक
कभी प्यार में , कभी रिश्तो में ,
कभी दोस्ती में , कभी दुनिया में ,
धोखा जो मन तोड़ दे ,
किसी का भरोसा तोड़ दे ,
दिल तोड़ दे ,रिश्ते तोड़ दे,
और कभी कभी इंसान के जीने की आस भी तोड़ दे।

- प्रतिभा चौरैल

7. ख़ूबसूरती

ख़ूबसूरती के दो रंग ,
एक मुख तो एक दिल,
मुख की ख़ूबसूरती सबको पसंद ,
दिल की ख़ूबसूरती कम को पसंद ,
मुख की ख़ूबसूरती से सबको प्यार ,
दिल की ख़ूबसूरती से कम को प्यार ,
मुख की ख़ूबसूरती पहला प्यार ,
दिल की ख़ूबसूरती दूसरा प्यार ,
मुख अच्छा तो दिल अच्छा ,
ना अच्छा तो दिल कच्चा ,
ख़ूबसूरती क दो रंग ,
एक मुख तो एक दिल।

- प्रतिभा चौरैल

8. समाज

समाज जो हमसे है ,
हमारी सोच से है ,
समाज जिसमे हम रहते है,
हम जीते है ,कुछ सीखते है ,
कुछ सिखाते है ,
समाज जो कभी दुःख देता है ,
कभी सुख देता है ,
कभी मदद करता है ,
कभी ठोकर मारता है ,
समाज जो कभी ऊंचाई दिखाता है ,
कभी नीचा दिखाता है ,
समाज जो हमसे से है ,
हमारी सोच से है।

\- प्रतिभा चौरैल

9. बारिश और मोहब्बत

बारिश और मोहब्बत दोनों ही यादगार हो गई ,
मोहब्बत ही बारिश में हो गयी ,
अचानक युही किसी से मुलाकात हो गई ,
वो मुलाकात यादगार हो गई ,
वो याद प्यार बन गई ,
प्यार ज़िन्दगी भर का साथ गई ,
यह साथ ज़िन्दगी की ख़ुशी बन गई ,
बारिश और मोहब्बत दोनों ही यादगार हो गई।

- प्रतिभा चौरैल

10. पिता

घर की नीव है वो ,
धुप में छाव है वो ,
बच्चो का प्यार है वो ,
सबकी ख़ुशी की वजह है वो ,
ख़ुशी देने वाला है वो ,
अपने दुःख को छुपाने वाला है वो ,
खुद के पास कुछ नहीं ,
फिर भी सबको देने वाला है वो ,
क्या करे आखिर पिता है वो।

प्रतिभा चौरैल

11. यादे

दुनिया में बहुत लोग मिले,
किसी से दोस्ती मिली,
किसी से प्यार मिला,
किसी से दर्द मिला,
किसी से साथ मिला,
किसी से धोखा मिला,
किसी ने इस्तेमाल किया,
किसी ने विश्वास किया,
किसी ने इज़्ज़त दिया,
तो किसीने बेज़्ज़त किया,
जिससे जो मिला बाद में सब यादे ही रही।

- प्रतिभा चौरैल

12. इंसानियत

इंसानियत वो रिश्ता जो कोई ना समझा
समझा तो सिर्फ धर्म या जात,
ऊंच या नीच , अपना या पराया ,
ना परेशानी समझी, ना इज़्ज़त दी,
ना प्यार समझा, ना प्यार करने वालो को समझा,
ना इंसान समझा, ना उसका दर्द समझा,
इंसानियत वो रिश्ता जो कोई ना समझा!

- प्रतिभा चौरैल

13. मन

मन कभी ठहर गया,
कभी बहक गया,
कभी ढोल गया,
कभी दुःख गया,
कभी खुश हो गया,
कभी रो गया,
कभी चुप हो गया,
कभी शांत हो गया,
मन जो सब सह गया।

\- प्रतिभा चौरैल

14. प्रकृति

प्रकृति, कुदरत की प्यारी देन,
सबसे हसीन सबसे खूबसूरत,
कही समुंद्र कही पहाड़,
कही पत्थर, कही फूल,
कही हरियाली, कही खुशहाली,
इसकी रक्षा हमारा कर्म, हमारा धर्म,
ये नहीं तो हम नहीं क्युकी
इसके बिना हम कुछ नहीं।

- प्रतिभा चौरेल

15. चाँद

चाँद दुनिया की ख़ूबसूरती
आँखो की ठंडक,
रात की चमक,
प्यार का प्रतीक,
आसमान का सितारा,
हर दिल को प्यारा,
सबसे हसीन सबसे प्यारा,
सबने दिल इस पे हारा,
शिवजी की जटा पर स्थित,
सबके मन में स्थित,
चाँद दुनिया की ख़ूबसूरती,
आँखो की ठंडक।

- प्रतिभा चौरेल

16. हार

हार कुछ सिखाती है,
कुछ ठेस पहुँचती है,
कभी दिल तोड़ती है,
कभी हौसला देती है,
कुछ सबक बताती है,
कुछ जीने की आस देती है,
कभी हरा देती है,
कभी हार के भी जीता देती है,
कुछ दोबारा चलना सिखाती है,
कुछ डटा रहना सिखाती है,
हार कुछ सिखाती है।

- प्रतिभा चौरैल

17. भगवान

भगवान जिससे ब्रह्माण्ड है ,
जिससे मनुष्य है ,
जिससे पृथ्वी है ,
जिससे ज़िन्दगी है ,
जिससे दुनिया है ,
जिससे प्रकृति है ,
भगवान जो बना भी सकता है ,
जो सब मिटा भी सकता है ,
भगवान जो आज कही खो गया
क्युकी इंसान उन्हें भूल गया ।

_ प्रतिभा चौरैल

18. लोग क्या सोचेंगे

मै कुछ करने जाऊ तो सब
तो लोग क्या सोचेंगे ,
अपने सपनो के बारे मे सोचु
तो लोग क्या सोचेंगे ,
कुछ अलग करना चाहु
तो लोग क्या सोचेंगे,
खुल कर जीना चाहु
तो लोग क्या सोचेंगे ,
रात को देर तक घूमो
तो लोग क्या सोचेंगे ,
समझ नहीं आता लोग क्या सोचेंगे
यह भी हम सोचते रहेंगे तो खुद के बारे
मे कब सोचेंगे।

- प्रतिभा चौरैल

19. वादे

प्यार के वादे ,
दोस्ती के वादे,
रिश्तो के वादे ,
परिवार के वादे
शादी के वादे ,
ज़िन्दगी के वादे ,
न भूलने के वादे ,
साथ देने के वादे,
मदद करने के वादे ,
वादे किये सबने ,
पूछो निभाए किसने।

- प्रतिभा चौरैल

20. दिल या दिमाग

दिल मे प्यार
दिमाग मे सोच ,
दिल मे भावनाये
दिमाग मे समझ,
दिल मे रिश्ते
दिमाग मे सही गलत,
दिल मे दर्द
दिमाग मे इज़्ज़त ,
दिल मे माफ़ी
दिमाग मे गलती ,
दिल मे पास आओ
दिमाग मे पहले तुम आओ ,
सही दिल या दिमाग
कभी दिल तो कभी दिमाग।

- प्रतिभा चौरैल

21. विवाह

विवाह एक अनोखा रिश्ता
और ज़िन्दगी भर का साथ,
एक बेचैनी का एहसास ,
एक नए जीवन की शुरुवात,
कभी गम का सागर ,
कभी ख़ुशी की लहर ,
कभी ज़िन्दगी भर की चोट,
कभी प्यार की खोज,
कभी रूठना मनाना
कभी बेशुमार प्यार ,
विवाह एक अनोखा रिश्ता ,
और ज़िन्दगी भर का साथ।

- प्रतिभा चौरैल

22. बड़े हो गए

न खुल कर जी सके ,
न सही बात कह सके ,
न चैन से जी रहे ,
न मन की बात बोल पा रहे ,
न खुश हो रहे ,
न दुःख बता पा रहे ,
बचपन खो गए ,
हम चुप से हो गए ,
क्या करे अब हम बड़े हो गए।

- प्रतिभा चौरैल

23. सफर करिए

अकेले सफर करिए ,
लक्ष्य को पाने के लिए ,
परिवार के साथ सफर करिए ,
ज़िम्मेदारी समझने के लिए ,
दोस्तों के साथ सफर करिए ,
आज़ादी महसूस करने के लिए,
समुंद्र किनारे बैठ जाइये ,
खुद को समझने के लिए,
प्यार के साथ सफर करिए ,
ज़िन्दगी भर का साथ निभाने के लिए,
सफर करिए,
खुद को पहचाने के लिए।

-प्रतिभा चौरैल

24. बड़े हो गए

न खुल कर जी सके ,
न सही बात कह सके ,
न चैन से जे रहे ,
न मन की बात बोल पा रहे ,
न खुश हो रहे ,
न दुःख बता पा रहे ,
बचपन खो गए ,
हम चुप से हो गए ,
क्या करे अब हम बड़े हो गए!

- प्रतिभा चौरेल

25. पता ही नहीं

हमे जिससे प्यार है ,
उसे पता ही नहीं ,
हमे जिससे इकरार है ,
उसे पता ही नहीं ,
हम जिसके लिए जी रहे ,
उसे पता ही नहीं ,
हम उसे देख के खुश होते ,
उसे पता ही नहीं ,
हम उसे देख के जी रहे ,
और ये भी उसे पता ही नहीं।

- प्रतिभा चौरैल

26. साथ नहीं दिया

एक सपना था ठुकरा दिया
क्योकि परिवार ने साथ नहीं दिया ,
एक मंजिल थी छोड़ दी,
क्योकि समय ने साथ नहीं दिया,
करना कुछ था कर कुछ थे ,
क्योकि वक्त ने साथ नहीं दिया ,
अब कुछ करने ही नहीं चाहते ,
क्योकि क्या पता जिंदगी साथ दे या न दे।

- प्रतिभा चौरेल

27. बेपनाह मोहब्बत

भीड़ में तुमसे सब मिलना चाहते है ,
हम भीड़ से अलग मिलना चाहते है ,
प्यार तुमसे सब करते है ,
हम प्यार सच्चा करते है,
चाहत तुम्हारी सबको है,
हमे चाहत ज़िन्दगी भर के साथ की है,
तुम्हे हर कोई पसंद है ,
पर हमे सिर्फ तुम पसंद हो,
तुम इसे नशा कह सकते हो ,
पर मेरे लिए ये बेपनाह मोहब्बत है।

- प्रतिभा चौरेल

28. जीना चाहते है

ज़िन्दगी से उदास है इसलिए
चाँद से बात करते है ,
लोगो से शिकायत है इसलिए
तारो को शिकायत बताते है,
सब निचा दिखाते है इसलिए
आसमान की उचाई देखते है,
कोई हमे कैद न करले इसलिए
पक्षियों की तरह उड़ना चाहते है,
ज़िन्दगी हमारी किसी के बस में न हो,
इसीलिए खुल कर ज़िन्दगी जीना चाहते है।

-प्रतिभा चौरैल

29. गलत है

सही चीज़ो के लिए ज़िद्द करना गलत नहीं ,
पर लोग कहते है गलत है छोड़ दो,
सपने देखना गलत नहीं ,
पर लोग कहते है गलत है छोड़ दो,
प्यार करना गलत नहीं ,
पर लोग कहते है गलत है छोड़ दो,
अपने मन का कुछ करना चाहू ,
तो लोग कहते गलत है छोड़ दो ,
सही चीज़ो को गलत बोलते है लोग,
ये कहकर की ये गलत है छोड़ दो,
अब तो भगवान भी सोचते होंगे ,
दुनिया बनाई मेने गलत नहीं
पर इंसान बना दिए गलत है ।

- प्रतिभा चौरैल

30. मै बुरी नहीं

मै बुरी नहीं भले ही शब्द कड़वे है मेरे
पर झूठे नहीं,
ऊपर से सख्त हूँ पर अंदर से नहीं ,
सोच अलग है मेरी पर बुरी नहीं ,
सीधा जवाब देती हू पर गलत नहीं,
मदद के लिए हमेशा हाज़िर हूँ
पर मतलबी लोगो के लिए नहीं ,
मै अलग रहती हूँ सबसे
पर मन मे किसी के लिए बुराई नहीं,
क्योकि मै बुरी नहीं।

- प्रतिभा चौरैल

31. हवा का झोका

ज़िन्दगी के ये पल कुछ ऐसे है

जैसे हवा का झोका,

एक पल मे सब अपना लगता है,

दूसरे पल मे सब पराया,

एक पल मे खुश होते है

दूसरे पल मे दुखी होते है,

एक पल मे सब आसान लगता है

दूसरे पल मे मुश्किल का पहाड़ लगता है,

एक पल सब प्यारा लगता है

दूसरे पल मे सब सूनापन लगता है ,

एक पल मे जी होती है

दूसरे पल मे हार होती है,

ज़िन्दगी के ये पल कुछ ऐसे है

जैसे हवा का झोखा ।

- प्रतिभा चौरेल

32. अकेली ही काफी हूँ

अकेली ही काफी हूँ,
हर लड़ाई लड़ने के लिए,
अपने सपनो को पूरा करने के लिए,
घर सँभालने के लिए,
ज़िन्दगी जीने के लिए,
खुद को खुश रखने के लिए,
मै अकेली ही काफी हूँ।

- प्रतिभा चौरैल

33. सुकून

माँ के आँचल में सुकून,
पिता की हसी में सुकून,
भाई की शैतानी में सुकून,
बहन की नटखट पैन में सुकून,
दोस्त की यारी में सुकून,
प्यार का ज़िन्दगी भर के साथ में है सुकून ,
बस यही है जीवन का सुकून।

- प्रतिभा चौरैल

34. घर की औरत की इज़्ज़त

घर की औरत की इज़्ज़त न करना,
मंदिर में देवी की पूजा करना,
घर की औरत को दुखी करना ,
मंदिर में देवी से सुखं की कामना करना ,
देवी भी औरत है ,औरत भी देवी का रूप है ,
एक को दुखी कर दूसरी की इज़्ज़त करने से
देवी खुश नहीं होती,
इसलिए घर की औरतो की भी इज़्ज़त कीजिये
और उनका ख्याल रखिये ,
मंदिर में सुख की कामना करने की ज़रुरत नहीं पड़ेगी।

- प्रतिभा चौरैल

35. ये दुनिया

ये दुनिया इतनी अच्छी भी नहीं जितनी दिखती है ,
यह ज़िन्दगी इतनी सरल भी नहीं जितनी लगती है ,
यहाँ लोग इतने सुलझे हुए भी नहीं जितने दिखतें है ,
यह वक़्त इतना लम्बा भी नहीं जितना लगता है ,
ये परेशानिया इतनी आसान भी नहीं जितनी लगती है ,
किसीको समझाना और समझना इतना सरल भी नहीं
जितना लगता है ,
ये दुनिया इतनी अच्छी भी नहीं जितनी दिखती है।

- प्रतिभा चौरेल

36. बदलते मौसम

ये बदलते मौसम,
कभी सुकून कभी परेशानी देते है,
कभी हंसी कभी आँसू देते है,
कभी जीत कभी हार देते है,
प्रकृति के ये मौसम,
ज़िन्दगी म कभी सिख तो कभी सीखा देते है।

- प्रतिभा चौरेल

37. आज़ादी की जंग

आज़ादी की जंग हमेशा याद रहेगी,
शहीदों की क़ुरबानी हमेशा याद रहेगी,
चाहे किसी भी उचाई पर पहुंच जाए हम,
ये दास्ताँ हमे हमेशा याद रहेगी।

- प्रतिभा चौरैल

38. मेरे बस में नहीं

ये वक़्त कुछ ऐसा है जो मेरे बस में नहीं,
किस्मत कुछ ऐसी है जो मेरे बस में नहीं,
लोगो की सोच बदलना मेरे बस में नहीं,
और सबकी सोच के हिसाब से में हो जाऊ,
ये मेरे बस में नहीं!

- प्रतिभा चौरेल

39. कम नहीं

ज़िन्दगी वो समंदर है ,

जिसकी लहर कभी कम नहीं होती ,

सपने वो पहाड़ है ,

जिसकी उचाई कभी ख़त्म नहीं होती ,

रिश्ते वो परछाई है ,

जो कभी पीछा नहीं छोड़ती,

प्यार वो गहराई है ,

जिसकी चाहत कभी कम नहीं होती।

- प्रतिभा चौरैल

40. प्यार

प्यार की शुरुवात हो राधे श्याम जैसी,
शादी के बाद रिश्ता हो गौरी शंकर जैसी,
ना तुम मुझे बदलो ना मै तुम्हे बदलू,
हम दोनों ही एक दूर को पूरा कर दे,
हमारी मोहब्बत हो कुछ ऐसी।

- प्रतिभा चौरेल

41. मंजिल

मंजिल है दूर रास्ता चाहिए,
मन में है अशांति शान्ति चाहिए,
दिल में है दर्द थोड़ा प्यार चाहिए,
अकेले है हम अपनों का साथ चाहिए,
ज़िन्दगी में बहुत परेशानिया है,
भगवान अब तो तेरा आशीर्वाद चाहिए।

\- प्रतिभा चौरेल

42. कभी रूकती नहीं

वक़्त एक ऐसी रेल है ,
जो कभी रूकती नहीं ,
ज़िन्दगी एक ऐसा खेल है ,
जो कभी रुकता नहीं,
सपने एक ऐसी चाहत है ,
जैसी चाहत कभी रूकती है ,
प्यार एक ऐसा सागर है ,
जिसकी चाह कभी रूकती है।

- प्रतिभा चौरैल

43. सरल नहीं

हर किसी की ज़िन्दगी सरल नहीं,

सबकी अपनी ज़िन्दगी है सरल नहीं,

सबके अपने दुःख है जो वो किसी को बताते नहीं,

हालात सबके ख़राब है किसी के अच्छे नहीं,

वक़्त सबका अलग है कोई एक जैसा नहीं,

सबकी अपनी ज़िन्दगी है कोई मजाक नहीं,

हर किसी की अपनी इज़्ज़त है कोई खेल नहीं,

सबकी अपनी परेशानिया है कोई मजाक नहीं,

हर किसी की ज़िन्दगी अलग है सरल नहीं।

- प्रतिभा चौरैल

44. सब पर लगते है

समझते हमे कुछ लोह नहीं,

इल्ज़ाम हम सब पर लगाते है,

धोखा हमे कुछ देते है,

बेवफा हम सबको कहते है,

बुरा कुछ करते है,

बुराई हम सबको देते है,

बेज़्ज़ती कुछ लोग करते है,

हम इल्ज़ाम सब पर लगाते है,

कुछ लोग हमारे साथ बुरा करते है,

हम बुराई सब में ढूंढते है,

जो इल्ज़ाम हम दुसरो पर लगते है,

वही हम खुद भी दुसरो पर कर रहे होते है,

कुछ की वजह से हम गुस्सा सब पर निकालते है,

जबकि हम खुद पुरे सही नहीं है।

- प्रतिभा चौरेल

45. हँसना क्या है

हँसना ज़िन्दगी है,
हँसना सुखी रहने का तरीका है,
हंसाना रूठे को मानाने का तरीका है,
हंसाना दिल जीतने का तरीका है,
हसना दुःख को काम करना,
हंसाना सबके दुःख को काम करना,
हंसाना सबको खुश करना,
हँसना और हंसाना ज़िन्दगी ख़ुशी से जीने का तरीका है।

- प्रतिभा चौरैल

46. माँ

माँ हमारा पहला शब्द ,
हमारी ख़ुशी हमारी रक्षक ,
माँ हमारी मददगार,
हमारा पहला प्यार,
माँ जीवन का आधार ,
हमारी सफलता का संघर्ष ,
माँ हमारी ज़िन्दगी का आधार ,
माँ से ही है हमारी ज़िन्दगी की शुरुवात।

- प्रतिभा चौरैल

47. आत्महत्या

आज की बड़ी समस्या
जो युवा के दिमाग में ,
पसंद की चीज़ न मिले तो ,
प्यार न मिले तो ,
माँ बाप न माने तो ,
नाम न बने तो ,
एक ही काम आत्महत्या ,
आत्महत्या कायरता ,
मुशीबतो का सामना करना सफलता ,
मत करो आत्महत्या लड़ो परेशानियों से
उसी में है सफलता !

- प्रतिभा चौरैल

48. रखना न पसंद

वक़्त निकल जाता है,
फिर भी हम भागते है ,
ज़िन्दगी निकल जाती है,
फिर भी हम दौड़ते है ,
उम्र निकल जाती है,
फिर भी हम हारते नहीं है ,
क्युकी हमे
भागना पसंद है , दौड़ना पसंद है ,हारना भी पसंद है ,
मगर रुकना ना पसंद है !

- प्रतिभा चौरेल

49. शिक्षा

इंसान का आधार,
सत्य की पहचान,
शिक्षा से दुनिया बदले,
सोचने का तरीका बदले,
समझने का तरीका बदले,
पहले खुद को बदले,
क्युकी,
सही शिक्षा सही विचार
हमारे विचार से देश का उधार,
भविष्य सुधार यही है शिक्षा का आधार!

- प्रतिभा चौरैल

50. सफर

यादगार एक सफर

कही खोये हुए से, कही सोये हुए से ,
तब भी पहुंच गए,
सुहाना मौसम, सुहाने लगे लोग,
सफर से थके थे तब भी अचे लगे लोग,
इतना स्वागत, इतनी खातिरदारी,
तब पता चला ये है रिश्तेदारी,
यही किसी से रिश्ता तय हो गया,
पल भर का साथ, ज़िन्दगी भर का हो गया,
यादगार ये सफर हमेशा याद रह गया!

- प्रतिभा चौरैल

51. कितने पल निकल गए

ज़िन्दगी के कितने पल निकल गए हमारे,

ये सोचने में की ज़िन्दगी में क्या करना है,

जो करेंगे वो सही है या नहीं,

क्या इस रास्ते आगे बढ़ पाएंगे या नहीं,

भविष्य में क्या करना है,

लोग क्या सोचेंगे हमारे बारे में,

लोग हमारी इज़्ज़त करेंगे या नहीं,

ख़ुशी के कितने पाक यही सोचने में गवा दिए

जिन्हे हम जी सकते थे,

ज़िन्दगी के कितने पल हमने ऐसे ही निकाल दिए !

- प्रतिभा चौरैल

52. जानवर भी जीव है

जानवर भी जीव है धरती पर
न की सिर्फ इंसान है ,
जानवर को भी जीने का हक़ है
न की सिर्फ इनसान को,
ये धरती इंसानो की ही है ,
न की सिर्फ इंसानो की,
जानवरो को भी दर्द होता है,
न की सिर्फ इंसान को ,
जानवरो को भी भूक लगती है ,
न की सिर्फ इंसान को,
जानवर भी प्यारे होते है
न की सिर्फ इंसान,
जानवर में भी समझ होती है
न की इंसान में,
जानवर भी जीव है धरती पर
न की सिर्फ इंसान है !

- प्रतिभा चौरेल

53. पता ही नहीं

खो जाती हु दुनिया की सोच में ,
रो देती हु दुनिया की सोच देखकर ,
सही या गलत क्या सबका अपना हिसाब है ,
सही क्या है ये किसीको पता ही नहीं !
अपनी सोच सब दुसरो को थोपना चाहते है ,
दुसरे की सोच क्या है ये किसीको पता ही नहीं,
जो लोग खुद करते है वही दूसरो से करवाना चाहते है ,
वो सही या नहीं ये उन्हें पता ही नहीं ,
वक़्त निकल गया इतना आगे पर लोग नहीं
क्योकि क्या सही है यह उन्हें पता ही नहीं,
सब कुछ इंसान को अपने हिसाब से चाहिए ,
जबकि उनके हाथ में कुछ है ही नहीं ,
क्योकि हकीकत में सही क्या है ये किसीको पता ही नहीं!

- प्रतिभा चौरैल

54. रेप

एक समय था जब लोग लड़कियों के कपड़ो को रेप का
कारण बताते थे,
जबकि दोष लोगो की बुरी नियत का था,
आज समय इतना बुरा हो गया है,
की लोग जानवरो को भी नहीं छोड़ रहे,
लेकिन कोई कुछ नहीं कहेगा क्योकि कुछ भी होजाये,
लोगो को दोष लड़कियों के कपड़ो को ही देना है,
किसकी बुरी नज़र और नियत को नहीं!

- प्रतिभा चौरेल

55. खुदको बदलते है

दुसरो की नज़र में अच्छा बनने के लिए
हम खुदको बदलते है उनके हिसाब से,
कोई हमे प्यार करे उसके लिए
हम खुदको बदलते है उनके हिसाब से,
किसी की पसंद बनने के लिए
हम खुदको बदलते है उनके हिसाब से,
जीना हमे खुदके हिसाब से चाहिए लेकिन
हम जीते दुसरो के हिसाब से,
फिर जब सब जगह से निराशा मिलती है,
तब हम खुदको बदलते है खुद के हिसाब से!

प्रतिभा चौरेल

56. शादी के बाद एक लड़की

शादी के बाद एक लड़की को ऊपर से निचे तक पूरा बदल
देते है,
पर क्यों क्या सही सिर्फ लड़की की होती है लड़को की
नहीं,
शादी के बाद लड़की की हर चीज़ बदल देते है सब,
उसकी सोच पर रोक,
उसके सपनो पर रोक,
उसके पहनावे पर रोक,
उसके अरमानो पर रोक,
उसके आने जाने पर रोक,
उसकी मर्जी पर रोक,
फिर उससे अपनाते है वो भी पुरे दिल से नहीं,
क्यों क्या शादी सिर्फ लड़की की ही होती है लड़के की
नहीं?

- प्रतिभा चौरैल

57. वजह

नफरत हर कोई करता है किसी ना किसी से पर
वजह क्या है कोई पूछता नहीं,
प्यार हर किसी को है किसी न किसी पर
क्यों है यह वजह सब पूछते है,
हकीकत है यह दुनिया की सब अच्छाइयों की वजह पूछते
है ,
बुराई क्यों की उसकी नहीं ,
बल्कि बुराई की वजह होती है अच्छाइयों की नहीं।

- प्रतिभा चौरैल

58. सच

सच कहो कहते सब है
पर अगर केहदो तो सुनता कोई नहीं,
अच्छा काम करि कहते सब है
पर करो तो मानता कोई नहीं,
कुछ बनकर बताओ कहते सं है
पर कुछ बनने दता कोई नहीं,
खुश रहो कहते सब है
पर कोई खुश रहने देता है नहीं।

प्रतिभा चौरैल

59. आजकल का प्यार

आजकल का प्यार, प्यार कम दिखावा ज्यादा,

समझ कम समझदारी का दिखावा ज्यादा,

मन से प्यार कम शरीर से ज्यादा,

कभी कोई कभी कोई का दिखावा ज्यादा,

अच्छे नहीं लोग पर अच्छाई का दिखावा ज्यादा,

मन में प्यार नहीं फिर भी दिखावा ज्यादा

आजकल का प्यार, प्यार कम दिखावा ज्यादा।

-प्रतिभा चौरैल

60. रिश्ते

रिश्ते इतने आसान नहीं,

इन्हे समझना इतना आसान नहीं,

इन्हे निभाना आसान नहीं,

ज़िन्दगी भर का साथ आसान नहीं,

किसी के दुखो को समझना आसान नहीं,

किसी के साथ हमेशा खड़े रहना आसान नहीं,

रिश्तो से प्यार करना इतना आसान नहीं,

रिश्ते इतने आसान नहीं।

- प्रतिभा चौरेल

61. ज़िन्दगी एक कहानी सी है

ज़िन्दगी एक कहानी सी है,
हर पल कुछ नया,
हर पल कुछ अलग,
कभी प्यारी कभी न्यारी,
कभी सवाल कभी जवाब,
ज़िन्दगी एक कहानी सी है!
एक वक़्त इम्तेहान,
एक वक़्त सफलता,
कही प्यार कही धोखा,
कभी हार कभी जीत,
ये पूरी ज़िन्दगी एक कहानी सी है।

-प्रतिभा चौरैल

62. लड़कियों की दोस्ती भी सच्ची होती है

वो भी दुःख में साथ देती है,

वो भी मदद करती है,

पर घर सँभालने की वजह से बार बार नहीं मिल पाती है,

ना बहार ज्यादा घूम सकती है,

उनकी शादी कही भी हो जाती है,

जिससे वो अपने दोस्तों से मिल नहीं पाती वर्षो तक,

दूर रह कर भी दोस्ती रहती है

बिना ज्यादा मिले भी दोस्ती बहुत खुद रहती है,

हर वक़्त हाज़िर न सही पर मन की बात जरूर पता होती है,

दूर से ही खुश हो जाते है दोस्त की उचाई देखकर,

लड़कियों की दोस्ती भी सच्ची होती है।

- प्रतिभा चौरेल

63. लिखा नहीं जा सकता

हर दुःख लिखा नहीं जा सकता,

हर बात बताई नहीं जा सकती,

हर किसी को अपनी बात समझाई नहीं जा सकती,

हर वक़्त खुशिया नहीं आ सकती,

हर चीज़ सच नहीं हो सकती,

हर कोई दोस्त नहीं हो सकता,

हर दुःख बताया नहीं जा सकता,

हर मुश्किल से लड़ा नहीं जा सकता,

हर दुःख लिखा नहीं जा सकता।

- प्रतिभा चौरेल

64. साथ

हर मोड़ पर कोई ना साथ होता है,
वक़्त रहते सबका साथ मिलता है,
छोटे होते तो परिवार का साथ मिलता है,
थोड़े बड़े होते है तो दोस्तों का साथ भी मिलता है,
फिर थोड़ा आगे बढ़ते है तो प्यार का साथ भी मिलता है,
सबके साथ वक़्त के साथ आता और जाता है,
पर एक साथ जो हमेशा हमारे साथ होता है,
हमारा खुदका खुद से साथ भी बहुत महत्वपूर्ण होता है,
कभी ना कभी हम अकेले हो ही जाते है,
तब हमे खुदके साथ बहुत चाहिए होता है,
क्युकी हमारा खुदका खुदके साथ ही ज़िन्दगी में जीत
दिलाता है।

- प्रतिभा चौरेल

65. मंज़िल

मेरी मंज़िल मुझसे बहुत दूर है,
उसके रास्ते भी बहुत दूर है,
पर वह पहुंचना जरूर है,
क्योंकि अब तो जूनून है,
अपनी मंजिल को पाना जरूर है।

प्रतिभा चौरैल

66. गुजर जाएगा

ये वक्त है गुजर जाएगा,

दर्द है खत्म हो जाएगा,

जख्म है भर जाएगा,

आज अंधेरा है तो कल उजाला हो जायेगा,

ये खेल है जिंदगी का

जो जायेगा वो वापस आएगा,

जो आएगा वो भी कभी न कभी जाएगा,

युही देखते देखते हर वक्त गुजर जाएगा।

_ प्रतिभा चौरेल

67. परखना

हर कोई परखना चाहता है मुझे

मैं कौन हूं जानना कोई नही चाहता,

मुझे लेकर सब निर्णय सुनाते है सब,

मुझे क्या पसंद है ये जानना कोई नही चाहता,

सोच अलग है मेरी सबसे

पर क्यों है ये कोई जानना नही चाहता,

बुरी लगती है मेरी बाते सबको

क्योंकि सच कोई सुनना नही चाहता,

बुरा कहते है सब मुझे

पर मैं ऐसी क्यों हू ये जानना कोई नही चाहता,

हर कोई परखना चाहता है मुझे

मैं कौन हू ये जानना कोई नही चाहता।

_ प्रतिभा चौरेल

68. अपना पराया

इस दुनिया में अपने हो या पराए सब एक है,
मानो तो सब अपने है,
ना मानो तो सब पराए है,
मानो तो सब एक है,
ना मानो तो सब अलग है,
मानो तो सब अच्छे है,
ना मानो तो सब बुरे है,
कही पराए भी अपने है,
कभी अपने भी पराए है,
इस दुनिया में अपने हो या पराए सब एक है।

_ प्रतिभा चौरैल

69. प्यार करते है

आसमान मे चाँद में
तुम्हारा चेहरा देखते है,
तारो से हर रोज
तुम्हारी बाते करते है,
हर वक्त मन में
तुम्हें याद करते है,
नसीब में तुमसे मिलना लिखा नही
फिर भी तुमसे प्यार करते है।

_ प्रतिभा चौरैल

70. उम्मीद

उम्मीद एक ऐसी किरण है
जो हार नही मानने देती,
चाहे अंधेरा कितना भी हो,
वक्त कितना भी खराब क्यों न हो,
परेशानी हजार क्यों न हो,
कोई साथ भले ही न हो,
दर्द कितना भी गहरा क्यों न हो,
उम्मीद की एक किरण सब सहने की
ताकत दे देती है।

_ प्रतिभा चौरैल